La Rata

Colección Animalejos

www.nubeocho.com · info@nubeocho.com

Adaptación de la caligrafía: Ude AutumnLeaf

Título original: *Le rat*

Primera edición: Abril, 2022
ISBN: 978-84-18599-63-7
Depósito Legal: M-7178-2022

Publicado de acuerdo con Le courte échelle.

Impreso en Portugal.

Elise Gravel

LA RATA

nubeOCHO

Niñas y niños, vamos a conocer a un animal muy especial:

LA RATA.

¡Hola!

Las especies de rata más conocidas son la rata parda (también llamada rata marrón o rata común) y la rata negra. En latín, la rata negra se llama

RATTUS RATTUS.

Hola, yo me llamo Rattus Rattus.
¡Encantada! Yo soy Ratapatata.

Las ratas se parecen un poco al

RATÓN.

Tienen la cola larga, los dientes afilados y la nariz puntiaguda. Pero suelen ser mucho más grandes (¡y antipáticas!) que un ratón.

¡Largo de aquí!

La cola de las ratas no tiene pelos; es larga y muy flexible. La utilizan para mantener el equilibrio y a veces para agarrar cosas o incluso para colgarse de sitios. ¡Es como si tuvieran una

QUINTA PATA!

También es muy útil para sacarme los mocos.

Las ratas son auténticas

ATLETAS.

Pueden nadar, saltar alto y lejos y correr rapidísimo. También pueden colarse por agujeros muy pequeños, tan pequeños como una moneda de dos euros.

El ballet no se
me da tan bien.

Las ratas tienen cuatro dientes

INCISIVOS

amarillos y largos. Pueden crecerles hasta 13 centímetros al año. Para evitar que crezcan demasiado, las ratas tienen que afilarlos

ROYENDO COSAS.

Pero ¿tú te has visto?
Ratapatata, ya va siendo hora
de que te afiles los dientes.

¡Sus dientes son muy

DUROS!

Pueden morder cualquier cosa: cables, cemento, madera, plástico, cartón, ¡lo que se les ocurra!

¡Mmm! ¡Efte libro eftá delifiofo!

A las ratas les gusta vivir cerca de nosotros, los humanos. Así pueden aprovecharse de nuestra comida y de nuestra

BASURA.

RP

Las ratas son unas

MALEDUCADAS.

Hacen sus necesidades donde les da la gana, ¡incluso en una cocina!
Pueden transmitir muchas

ENFERMEDADES.

¡No es mi culpa si vuestros RETRETES son tan GRANDES!

También son muy

INTELIGENTES.

Son capaces de aprender un montón de cosas, encontrar la salida de laberintos muy difíciles y resolver complicados

PROBLEMAS.

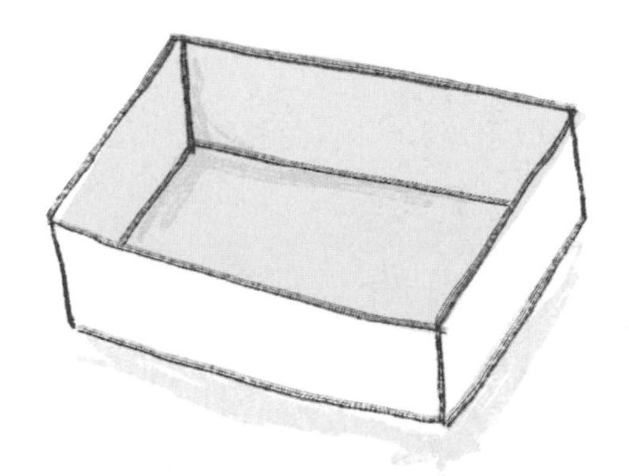

¡Jo! Me falta una pieza. ¿Será la que me comí para desayunar?

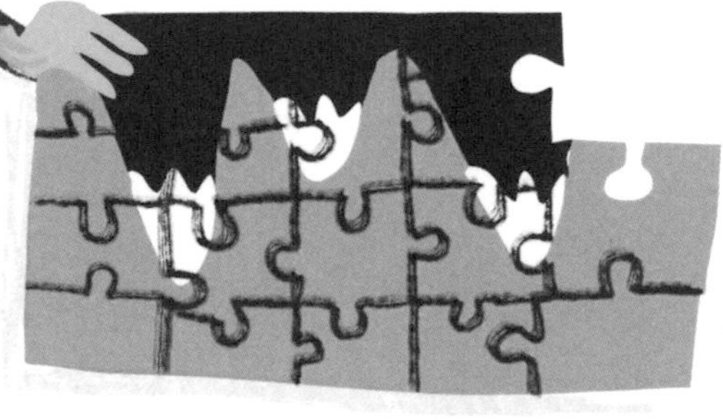

Observando a las ratas,

LOS CIENTÍFICOS

aprenden muchas cosas que pueden servir para ayudarnos.

Vale, pero ¿tienes que estar mirándome TODO EL TIEMPO?

Las ratas son buenos animales de laboratorio porque, al igual que nosotros, son mamíferos

MUY LISTOS

y además, su

COMPORTAMIENTO

se parece al de algunos humanos.

¡BUUUUURP!

Aunque para muchas personas las ratas son desagradables, a otras les parecen muy monas y las tienen como

MASCOTAS.

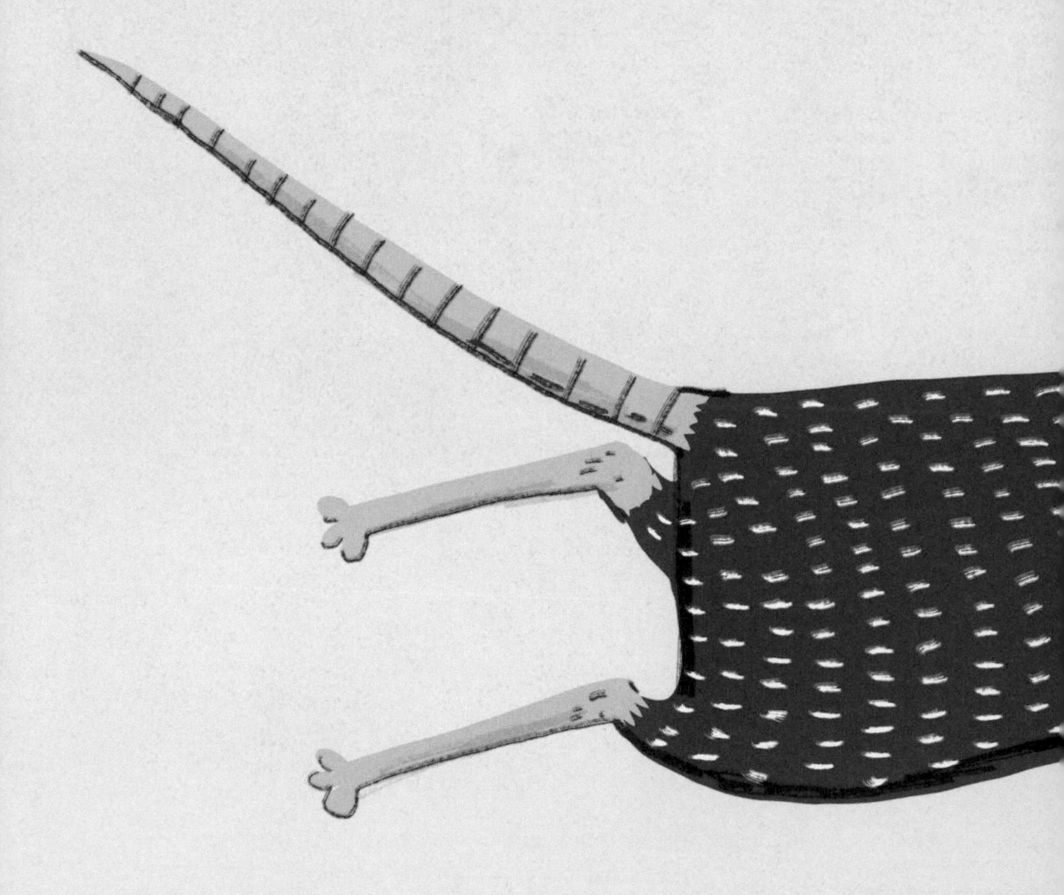

¡Tráeme el periódico,
Ratapatata!

En definitiva, la próxima vez que te encuentres con una rata, sé amable. Nunca se sabe, quizás un día pueda ayudarte a hacer los...

¡DEBERES!

¡Ñam, ñam!
¡Qué rico!